Bettina Grabis

Hallo, Freunde!

Inhalt

Hallo, Freunde!	3
Window Color – so geht's!	4
Verspielter Ausritt	6
Bibi Blocksberg und Sabrina	8
Unterwegs mit Max	10
Reiten macht Spaß	12
Tina und Amadeus	14
Bibi und Tina	16
Schnell wie der Wind	18
Bibi reitet durch die Luft	20
Spaß auf dem Reiterhof	22
Ein Belohnung für Sabrina	24
Bibis Glücksbringer-Windspiel	26
Ein Herz für Pferde und Ponys	28
Motiv-Mix	30

Wenn Bibi Blocksberg, die kleine Hexe, ihre Ferien bei Tina auf dem Reiterhof verbringt, erleben die beiden Freundinnen mit ihren Pferden die tollsten Abenteuer.

In diesem Buch findet ihr die schönsten Bilder von Bibi und Tina, von ihren Lieblingspferden Sabrina und Amadeus, dem Fohlen Felix, den Ponys Max und Moritz und viele weitere Motive aus der Reiterwelt als Window-Color-Motive.

Viel Spaß beim Malen!

Bettina Grabis

Material – das braucht ihr:

Window-Color-Konturen- und -Ausmalfarbe Mit der etwas festeren Konturenfarbe zieht ihr die Linien nach. Mit den Ausmalfarben werden die Flächen gefüllt.

Malspitze 0,3 mm Für feine Linien schraubt ihr eine Malspitze auf die Flaschentülle. Für die dünnen Konturen der Bilder in diesem Buch eignet sich eine Malspitze mit einer Öffnung von 0,3 mm am besten.

Window-Color-Folie oder Prospekthüllen bzw. Windradfolie Damit sich die Bilder nach dem Trocknen problemlos abziehen lassen, müssen sie auf eine geeignete Folie gemalt werden. Dazu verwendest du Window-Color-Folie, die speziell für diesen Zweck angeboten wird, oder Prospekthüllen. Soll das Bild stabil sein, etwa für einen Aufsteller, malst du auf Winradfolie.

Zahnstocher Mit einem Zahnstocher lässt sich die Ausmalfarbe gut auf den Flächen verteilen und bis an die Kontur heranstreichen.

Window Color – so geht's!

1. Schneidet das ausgewählte Motiv aus dem Vorlagenbogen aus und klebt es auf ein Blatt Papier im Format DIN A4.

2. Dieses Blatt schiebt ihr entweder in eine Prospekthülle oder befestigt es mit Klebestreifen von hinten an einer Window-Color-Spezialfolie bzw. Windradfolie.

3. Auf die Konturenflasche schraubt ihr eine Malspitze (z.B. 0,3 mm) und schlagt die Flasche mit einem kräftigen Ruck nach unten, damit sich die Spitze mit Farbe füllt.

4. Dann zieht ihr die Konturen des Bildes auf der Folie nach. Dazu führt ihr die Flasche mit gleichmäßigem Druck dicht über der Linie.

1.

2.

3.

4.

Verspielter Ausritt

Für Bibi braucht ihr:

- Windradfolie
- Doppelseitige Klebefolie
- Window-Color-Konturenfarbe in Schwarz
- Window-Color-Farben in Weiß deckend, Mittelbraun, Dunkelbraun, Haut, Schwarz, Rot, Gelb, Dunkelblau, Türkis und Grau
- Malspitze 0,3 mm

Für Tina braucht ihr:

- Windradfolie
- Doppelseitige Klebefolie
- Window-Color-Konturenfarbe in Schwarz
- Window-Color-Farben in Orange, Haut, Weiß deckend, Schwarz, Rot, Grau, Mittelbraun, Dunkelbraun und Türkis
- Malspitze 0,3 mm

So bastelt ihr die Aufsteller:

Die Bilder für die Aufsteller malt ihr auf Windradfolie und schneidet sie dann sauber aus.

Zum Aufstellen klebt ihr mit doppelseitigem Klebeband je einen Streifen Windradfolie an die Rückseite der Reiterinnen, der unten nach hinten abgeknickt wird.

Bibi Blocksberg und Sabrina

Ihr braucht:

- Windradfolie
- Perlonfaden oder Nähgarn und Nähnadel
- Window-Color-Konturenfarbe in Schwarz
- Window-Color-Farben in Weiß deckend, Dunkelbraun, Mittelbraun, Gelb, Rot, Haut, Dunkelblau, Schwarz, Grau und Grün
- Malspitze 0,3 mm

So bastelt ihr das Drehbild:

Legt die Malvorlage unter die Windradfolie und befestigt sie mit Klebestreifen, damit sie nicht verrutschen kann. Dann übertragt ihr das Motiv auf die Folie.

Nach dem Trocknen schneidet ihr das Bild entlang der Kontur sauber aus.

Zum Aufhängen des Drehbildes zieht ihr am oberen Rand des Kreises ein Stück Perlonfaden durch das Drehbild.

Unterwegs mit Max

Ihr braucht:

- Window-Color-Konturenfarbe in Schwarz
- Window-Color-Farben in Dunkelbraun, Mittelbraun, Gelb, Haut, Dunkelblau, Türkis, Grau, Rot, Orange, Sand, Lila, Dunkelgrün, Mittelgrün, Schwarz und Transparent
- Malspitze 0,3 mm

Extra-Tipp:

Damit das fertige Bild nicht einreißen kann, füllt ihr die Zwischenräume mit transparenter Window-Color-Farbe auf.

Reiten macht Spaß

Ihr braucht:

- PVC-Kissen
- Window-Color-Konturenfarbe in Schwarz
- Window-Color-Farben in Sand, Haut, Weiß deckend, Dunkelblau, Grün, Türkis, Gelb, Grau, Mittelbraun, Dunkelbraun und Schwarz
- Malspitze 0,3 mm

So kommt das Bild auf das Kissen:

Malt das Bild wie in der Anleitung auf Seite 4 und 5 beschrieben. Sobald es völlig trocken ist, zieht ihr es von der Prospekthülle ab und setzt es auf das Kissen.

Achtung: Je nach Material des Kissens ist das Bild möglicherweise nicht mehr abziehbar!

Für das Mauspad braucht ihr:

- Window-Color-Mauspad
- Klebstoff
- Window-Color-Konturenfarbe in Schwarz
- Window-Color-Farben in Hellblau, Türkis, Orange, Haut, Weiß deckend, Grau, Schwarz, Mittelbraun und Dunkelbraun
- Malspitze 0,3 mm

Für das Türschild braucht ihr:

- Window-Color-Türschild
- Stück gelbe Kordel
- Klebstoff
- Window-Color-Konturenfarbe in Schwarz
- Window-Color-Farben in Ocker, Gelb, Rot, Grau und Grün
- Malspitze 0,3 mm

So gestaltet ihr das Mauspad und das Türschild:

Die Motive werden direkt auf die Folie gemalt. Nach dem Trocknen wird die Folie umgedreht, also mit der bemalten Seite nach unten, und mit etwas Klebstoff auf dem Moosgummizuschnitt befestigt.

Zum Aufhängen des Türschildes verseht ihr das fertige Schild rechts und links am oberen Rand mit je einem kleinen Loch und zieht ein Stück Kordel hindurch.

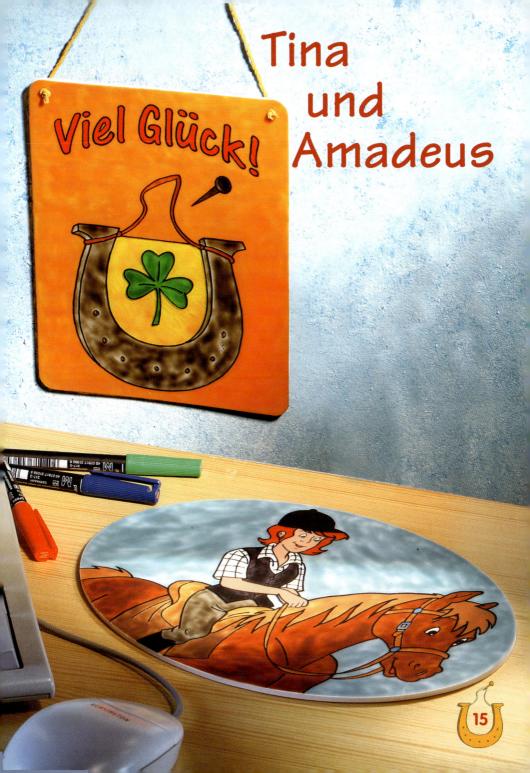

Tina und Amadeus

Bibi und Tina

Ihr braucht:

- Windradfolie
- Doppelseitige Klebefolie
- Window-Color-Konturenfarbe in Schwarz
- Window-Color-Farben in Dunkelbraun, Mittelbraun, Weiß deckend, Grau, Schwarz, Haut, Gelb, Rot, Dunkelblau, Grün, Sand, Orange
- Malspitze 0,3 mm

Extra-Tipp:

Die verschiedenen Grautöne könnt ihr euch aus schwarzer und weißer Window-Color-Farbe selbst zusammenmischen.

Die Aufsteller bastelt ihr wie auf Seite 7 beschrieben.

Schnell wie der Wind

Ihr braucht:

- PVC-Tasche
- Window-Color-Konturenfarbe in Schwarz
- Window-Color-Farben in Schwarz, Orange, Haut, Weiß deckend, Türkis, Mittelblau, Grau, Mittelbraun, Dunkelbraun und Transparent
- Malspitze 0,3 mm

So kommt das Bild auf die Tasche:

Malt das Bild wie in der Anleitung auf Seite 4 und 5 beschrieben. Sobald es völlig trocken ist, zieht ihr es von der Prospekthülle ab und setzt es auf die Tasche.

Achtung: Je nach Material der Tasche ist das Bild möglicherweise nicht mehr abziehbar!

Extra-Tipp:

Damit das Bild nicht einreißen kann, füllt ihr die Zwischenräume mit transparenter Window-Color-Farbe auf.

Für Bibi braucht ihr:

- Windradfolie
- Perlonfaden
- Malspitze 0,3 mm
- Window-Color-Konturenfarbe in Schwarz
- Window-Color-Farben in Weißdeckend, Schwarz, Rot, Gelb, Hanf und Dunkelblau

Das Drehbild von Bibi wird wie auf Seite 8 beschrieben angefertigt.

Für Felix und Moritz braucht ihr:

- Windradfolie
- Weiße Klebefolie
- 2 Klebekissen
- Kleinen naturfarbenen Holzzaun
- Window-Color-Konturenfarbe in Schwarz
- Window-Color-Farben in Weiß deckend, Türkis, Grau, Schwarz, Dunkelbraun und Mittelbraun
- Malspitze 0,3 mm

So wird der Zaun gestaltet:

Malt das Bild auf Windradfolie und schneidet es nach dem Trocknen sauber aus. Damit der Zaun hinter den Pferden nicht durchscheint, hinterklebt ihr diese mit weißer Folie. Zu guter Letzt befestigt ihr Felix und Moritz mit Klebekissen am Holzzaun.

Spaß auf dem Reiterhof

Ihr braucht:

- Window-Color-Konturenfarbe in Schwarz
- Window-Color-Farben in Beige, Sand, Türkis, Schwarz, Gelb, Mittelbraun, Dunkelbraun, Weiß deckend, Grau, Rot, Gelb, Haut, Dunkelblau und Grün
- Malspitze 0,3 mm

Extra-Tipp:

Die verschiedenen Brauntöne könnt ihr euch ganz einfach selbst mischen. Um eine Farbe aufzuhellen, mischt ihr sie mit Weiß. Soll eine Farbe dunkler werden, gebt ihr etwas Schwarz hinzu. Wie hell oder dunkel der jeweilige Farbton wird, hängt vom Verhältnis ab, in dem ihr die Farben mischt.

Eine Belohnung für Sabrina

Für Bibi braucht ihr:

- Windradfolie
- Grasmatte
- Heißklebepistole
- Doppelseitige Klebefolie
- Window-Color-Konturenfarbe in Schwarz
- Window-Color-Farben in Weiß deckend, Braun, Grau, Schwarz, Rot, Gelb, Haut, Dunkelblau und Türkis
- Malspitze 0,3 mm

So gestaltet ihr die Grasmatte:

Tina und Sabrina werden direkt auf Windradfolie gemalt und nach dem Trocknen entlang der Konturen sauber ausgeschnitten.

Anschließend gebt ihr ein paar Tropfen Heißkleber am unteren Rand auf die Folienbilder und setzt sie sofort in die Grasmatte.

Aber Vorsicht! Heißkleber ist für Kinderhände gefährlich! Lasst euch deshalb von einem Erwachsenen helfen.

Damit Tina und Sabrina auch bestimmt aufrecht stehen bleiben, klebt ihr mit einem Stück doppelseitiger Klebefolie je einen abgeknickten Streifen Windradfolie an die Rückseite der beiden.

Bibis Glücksbringer-Windspiel

Ihr braucht:

- Windradfolie
- Stück weiße Kordel
- Dünne, feste Schnur
- 4 Klangstäbe (etwa 12 bis 16 cm lang)
- Window-Color-Konturenfarbe in Schwarz
- Window-Color-Farben in Grau, Weiß deckend, Haut, Schwarz, Rot, Gelb, Türkis, Dunkelblau, Grün und Braun
- Malspitze 0,3 mm

So bastelt ihr das Windspiel:

Übertragt das Motiv direkt auf die Windradfolie und schneidet es nach dem Trocknen entlang der Kontur sauber aus.

Zieht je ein Stück Schnur durch die Aufhängelöcher der Klangstäbe und befestigt diese gleichmäßig verteilt am unteren Rand in der Mitte des Hufeisens.

Zum Aufhängen des Windspiels bohrt ihr rechts und links an den oberen Rändern des Hufeisens je ein Loch und zieht ein Stück Kordel hindurch.

Ein Herz für Pferde und Ponys

Für Bibi braucht ihr:

- Window-Color-Konturenfarbe in Schwarz
- Window-Color-Farben in Rot, Gelb, Haut, Weiß deckend, Schwarz, Dunkelblau, Grau, Türkis, Dunkelbraun und Mittelbraun
- Malspitze 0,3 mm

Für Tina braucht ihr:

- Window-Color-Konturenfarbe in Schwarz
- Window-Color-Farben in Weiß deckend, Orange, Grau, Schwarz, Haut, Dunkelbraun, Mittelbraun und Türkis
- Malspitze 0,3 mm

Motiv-Mix

Vorschläge und Materialangaben wurden
von der Autorin sorgfältig geprüft,
jedoch kann eine Garantie nicht übernommen werden.
Eine Haftung des Verlages oder der Autorin
für eventuell auftretende Fehler oder Schäden ist ausgeschlossen.
Die Warnhinweise müssen beachtet werden.
Eltern haften für ihre Kinder.

ISBN 3-8212-8459-5
© 2002 KIDDINX Studios
Lizenz durch KIDDINX Merchandising GmbH
Winterhuder Weg 29, 22085 Hamburg
Verantwortlich für diese Ausgabe:
XENOS Verlagsgesellschaft mbH
Am Hehsel 40, 22339 Hamburg

Art Direction und Gestaltung: Uli Velte, Hamburg
Grafik und Layout: Margret Bernard
Fotos: Studio 67, Peter Schmetzer

Printed in Germany

Sämtliche Nutzungsrechte liegen beim Lizenzgeber.
Jede Form der Vervielfältigung oder sonstige unberechtigte Nutzung ist untersagt
und kann zu einer strafrechtlichen Verfolgung führen.